L'AGE DE GLACE 4

LA DÉRIVE DES CONTINENTS

L'ALBUM DU FILM

hachette
JEUNESSE

Ce matin-là, un soleil radieux baigne la paisible vallée. Soudain, un terrible grondement retentit, réveillant en sursaut Manny et sa femme Ellie.

Inquiets, les mammouths lèvent les yeux vers l'endroit où s'installe habituellement leur fille Pêche. Mais l'adolescente a disparu !

Manny interroge Crash et Eddie, censés veiller sur leur nièce. « Elle est partie à la cascade ! lui avouent les opossums.

– Quoi ? s'énerve Manny. Là où vont tous ces jeunes voyous ? »

En effet, Pêche approche de la cascade en compagnie de Louis, son meilleur ami. « Allez ! l'encourage-t-elle. Sors la tête de ton trou, pour une fois, et amusons-nous !

– Ouille ! gémit Louis en se cognant contre une racine. Pêche, je suis une taupe, et les taupes vivent dans des trous ! Je ne trouve pas particulièrement amusant de risquer ma vie juste pour que tu puisses rencontrer l'un de ces jeunes mammouths que tu trouves si mignons !

– Ethan n'est pas mignon, il est juste… craquant ! soupire Pêche.

C'est alors que Manny surgit devant eux.

– Ça suffit, jeune fille ! ordonne-t-il. On rentre à la maison ! »

RRRR!
BOUM!

Non loin de là, Diego se faufile entre les rochers qui surplombent la vallée. Les grondements mystérieux résonnent de plus en plus fort…

« Tu ne me fais pas peur, Mère Nature ! » rugit le tigre à dents de sabre.

À cet instant, un tronc d'arbre surgit des buissons. Milton, le chef d'une tribu de cinq paresseux, le dirige comme une luge, mais il heurte Diego de plein fouet ! Propulsés dans les airs, le tronc, le tigre et les paresseux atterrissent aux pieds de Manny.

« Maman ! Papa ! Mémé ! Vous êtes tous là ! s'exclame Sid.

Tout heureux de revoir les membres de sa famille, Sid les serre un par un dans ses bras.

– Fais donc visiter ta caverne à Mémé ! lui propose Marshall, son frère. Elle aurait bien besoin d'une petite sieste !

– Youpi ! jubile Milton dès que Sid et Mémé se sont éloignés. Nous voilà enfin débarrassés de cette vieille toupie ! Filons ! »

Aussitôt, les paresseux enfourchent le tronc et s'enfuient.

Sid revient bientôt avec sa grand-mère. « Maman ? Papa ? Auriez-vous vu le dentier de Mémé par hasard ? Personne n'ose dire au paresseux que sa famille l'a de nouveau abandonné. Mais il le comprend très vite !

– Au moins, tu as ta Mémé avec toi maintenant… le console Diego.

– C'est vrai, Mémé ? » demande Sid.

Mais la vieille dame s'est évaporée à son tour. Sid, Manny et Diego s'apprêtent à partir à sa recherche, quand Manny sursaute : discrètement, Pêche et Louis se sont encore éclipsés !

Furieux, Manny se rend à la cascade.

« Désolé de vous interrompre ! dit-il en s'interposant entre Ethan et sa fille. Toi, ne t'approche plus de Pêche ! lance-t-il au jeune mammouth.

Manny se tourne alors vers sa fille et ajoute :

– Et toi, je te prive de sortie ! »

Alors qu'Ellie tente de réconcilier Pêche et Manny, la terre se remet à trembler, et une énorme faille s'ouvre dans le glacier. Brutalement, la famille est séparée !

D'un bond, Sid et Diego rejoignent Manny pour l'aider, mais l'iceberg sur lequel ils se trouvent glisse déjà vers l'océan…

Ellie et Pêche regardent le trio s'éloigner, impuissantes.

C'est alors que Manny aperçoit au loin un pont reliant deux glaciers au-dessus des flots.

« Traversez ce pont ! leur hurle-t-il. Vous serez en sécurité de l'autre côté. Nous nous retrouverons là-bas ! »

Ellie, Pêche et Louis s'approchent de la côte, mais un glissement de terrain les surprend. Sur le qui-vive, Louis sauve Pêche de justesse.

« Écoute, dit-il à son amie. Je sais que tu penses à ton père, mais arrête de t'inquiéter, nous allons le retrouver. Quand nous aurons franchi cette muraille, nous parviendrons au pont sans difficulté. »

Pendant ce temps, Manny, Sid et Diego continuent de dériver sur l'océan. Le pauvre mammouth ne cesse de s'inquiéter pour sa famille. Sid tente de le réconforter. « Vois le bon côté des choses : on est toujours ensemble, tout va finir par s'arranger !

– Pour une fois, Sid a raison ! approuve Diego. Aïe ! » s'exclame-t-il.

Un tronc creux vient de le heurter. En regardant à l'intérieur, il s'écrie : « Mais c'est Mémé ! »

Postés à l'avant de l'iceberg, Manny, Sid et Diego entendent Mémé appeler : « Précieuse ! Précieuse ! Viens par ici, ma chérie ! »

Les trois amis surpris pensent que la vieille dame s'adresse à un animal de compagnie imaginaire.

Peu après, un navire taillé dans la glace sort de la brume. Silas, un oiseau coiffé d'un bandana, se pose sur l'épaule d'une bête féroce.

« Gros iceberg en vue, mon capitaine ! annonce-t-il. Quatre passagers. Paré à l'abordage ! » Le capitaine Gutt, un orang-outan barbu, éclate d'un rire sinistre.

Des grappins sont lancés, puis des pirates couverts de cicatrices encerclent Manny et les siens. Ahuris, ils contemplent l'équipage de Gutt : un kangourou géant, un éléphant des mers, un lapin préhistorique, un phacochère puant, un blaireau indien et une tigresse blanche à dents de sabre nommée Shira se tiennent devant eux.

« Heu… Nous ne voulons pas d'ennuis ! tente Manny. Nous cherchons juste à rejoindre la terre ferme…
– Pour cela, il suffit de naviguer vers la baie de Switchback, lui explique Captain Gutt, un courant vous ramènera ensuite chez vous. Malheureusment, j'ai d'autres projets pour vous. Je ne compte pas vous libérer de sitôt ! »

Alors que Manny et ses amis sont prisonniers sur le navire-pirate, le méchant capitaine ordonne alors à Sid et Mémé de se jeter à l'eau : Manny le provoque immédiatement en duel. Il saisit le mât et brise le navire en deux ! Bondissant sur l'un des morceaux, le mammouth et ses amis parviennent à s'éloigner des pirates.

Soudain, ils entendent quelqu'un patauger dans l'eau. C'est la tigresse Shira ! Diego la repêche et lui propose de rejoindre leur groupe.

« Deux paresseux, un mammouth et un tigre à dents de sabre... Les gars, vous ressemblez au début d'une mauvaise blague ! » réplique-t-elle, furieuse.

Sur le continent, Ellie a réussi à guider son groupe au-delà de la dangereuse muraille de glace. La nuit venue, Pêche pense encore à Manny.

« Tu me manques, Papa… soupire-t-elle tristement.

Ethan l'interrompt tout à coup :

– Rejoins-moi demain matin, lui dit-il. Si nous sommes ensemble, tout ira bien ! Mais surtout, n'emmène pas ton amie la taupe ! »

Sous le charme, Pêche accepte.

Pendant ce temps, Manny repère une île à l'horizon.

« Que tout le monde pagaie ! » ordonne le mammouth.

Dès que les naufragés mettent pied à terre, Manny attrape un gros morceau de bois. « On va construire un radeau ! dit-il à ses amis. À cet instant, Shira tente de s'enfuir. D'un bond, Diego la rattrape.

– Où pensais-tu aller comme ça ? » lui demande-t-il.

D’un promontoire, le tigre aperçoit la baie de Switchback. Tous les morceaux de glace qui y dérivent sont entraînés vers le large par un puissant courant.

« Voilà le chemin du retour ! » s’exclame Diego.

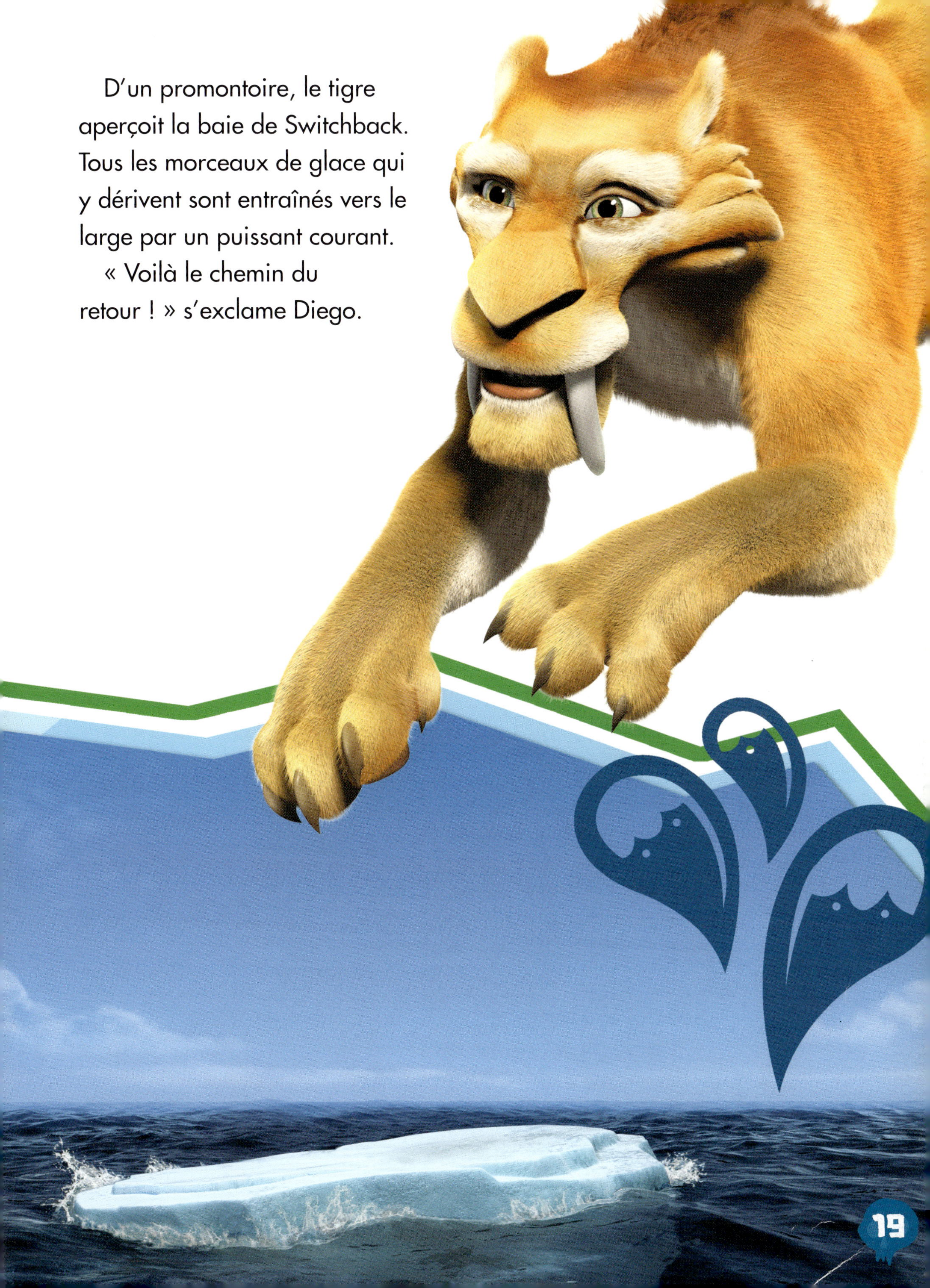

Manny confirme à Diego que les courants vont bien les ramener chez eux, mais Sid leur fait remarquer qu'ils n'ont toujours pas de navire.

« Oh si, nous en avons un ! dit Manny en désignant, au loin, le nouveau vaisseau de Gutt.

Tout à coup, des douzaines d'Hyrax jaillissent des buissons environnants.

– Hé, les petits gars ! Ça vous dirait de vous joindre à nous pour combattre Gutt ? demande Manny. Ravies à l'idée de se libérer du méchant pirate, les timides créatures acceptent.

– Génial ! s'écrie Manny. Tous ensemble, nous allons nous libérer des pirates ! »

Pendant ce temps, Diego tente de se lier d'amitié avec Shira. Ils ont au moins une chose en commun : tous deux ont choisi de quitter leur meute d'origine. Diego explique combien il est heureux d'avoir trouvé une famille qui veille sur lui. Sa prisonnière lui rétorque alors que le capitaine Gutt veille très bien sur elle.

« Pas cette fois, constate Diego. Je n'ai pas vu Gutt essayer de te repêcher ou de te retrouver. »

Un peu plus tard, Manny dévoile son plan à ses troupes. Fuzzy, le chef des Hyrax, devra distraire Gutt pendant que Diego délivrera les prisonniers. Sid et sa grand-mère couperont les amarres du navire.

Soudain, ils s'aperçoivent que Shira s'est évadée : elle risque de tout révéler au capitaine sur l'attaque qui se prépare !

« Il faut y aller maintenant ! » ordonne Manny.

De son côté, le capitaine Gutt est enfin prêt à repartir en chasse : « Fermez les écoutilles ! Larguez les amarres ! Hissez les couleurs ! En route vers la vengeance et la victoire ! » Shira bondit à bord et révèle aux pirates que Diego l'avait capturée et que Manny est sur l'île. Violemment, Gutt la saisit par le cou et la jette contre un pilier. « Tue ce Diego ou disparais, compris ? » hurle-t-il, menaçant.

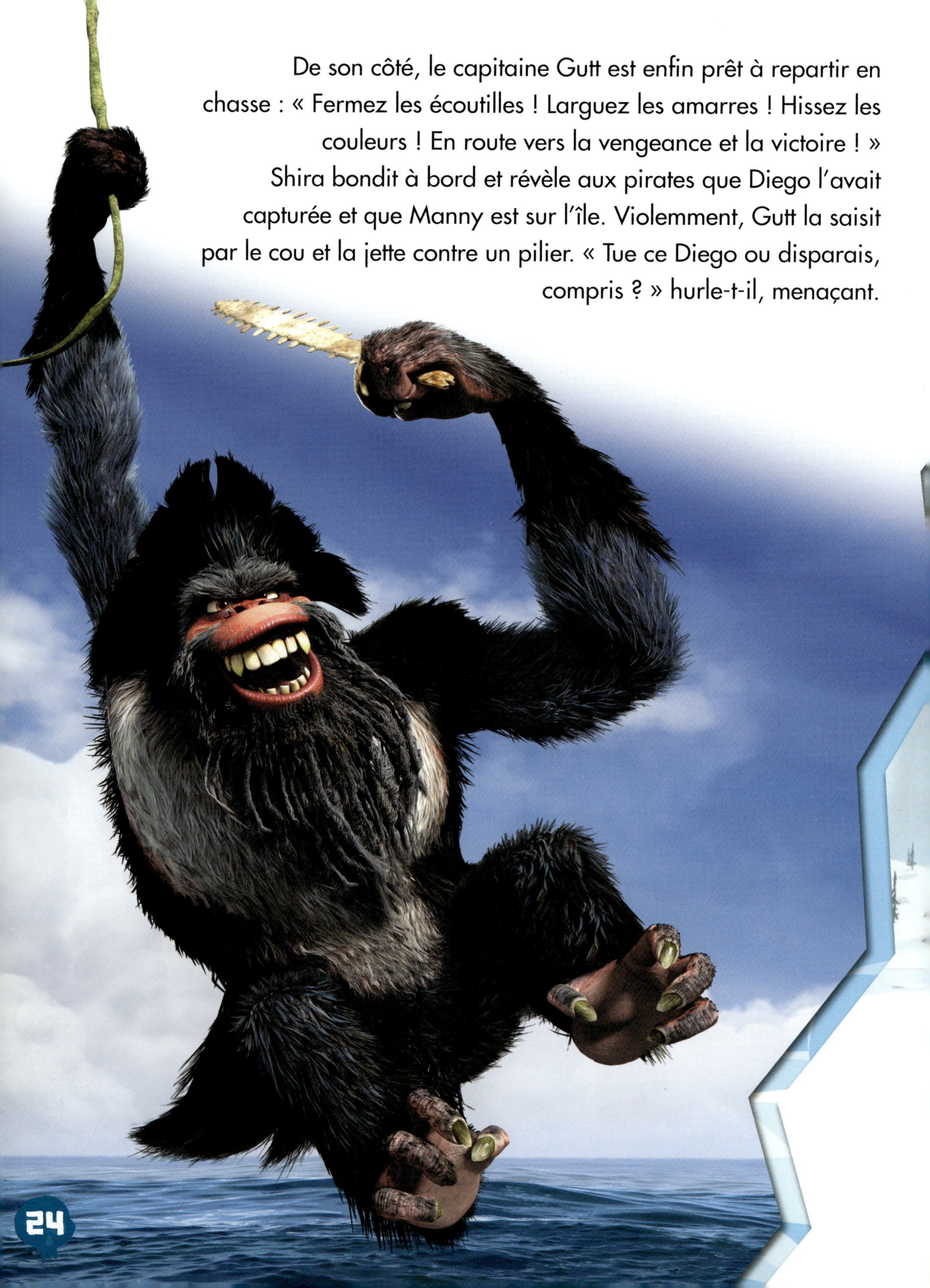

TUUUUUUUUUUUUUUUUUUUT ! Le son aigu d'une trompe de guerre les interrompt. Prête au combat, une armée entière d'Hyrax apparaît au sommet d'une colline. Un instant décontenancés, Gutt et son équipage éclatent de rire, jusqu'à ce qu'un second grondement, beaucoup plus grave, annonce l'arrivée de Manny !

Les pirates se jettent dans la bataille. Sans être vu, Diego bondit sur le vaisseau et ouvre les cages des Hyrax prisonniers. Aussitôt, Sid et Mémé se préparent à couper les amarres.

Au moment où Gutt lance sa charge, un escadron volant d'Hyrax fuse du ciel ! Squint, le lapin préhistorique, saute d'un rocher sur la tête de Manny.

« Je vais faire des claquettes sur tes amygdales ! » triomphe-t-il.

Mais lorsque le mammouth s'effondre sous son poids, Squint comprend qu'il vient juste d'abattre un mannequin de bois !

« Ils volent mon navire ! hurle Gutt en voyant le véritable Manny rejoindre ses amis sur le vaisseau. »

Enfourchant deux narvals, sortes de dauphins au nez aussi long et tranchant que des épées, le capitaine se lance à leur poursuite.

« Numérote tes abattis, pachyderme. J'arrive ! » gronde-t-il.

Diego s'apprête à rejoindre le navire quand Shira surgit devant lui. Le tigre la convainc de l'accompagner, puis il saute à bord. Mais lorsqu'il se retourne, Shira est restée sur la grève !

« Qu'est-ce que tu fais ? s'écrie-t-il.
-- Je surveille tes arrières ! » répond-elle.

Fou de colère, Gutt atteint un glacier et en brise un morceau pour fabriquer à mains nues un nouveau navire. Ensuite, poussé par les narvals, il récupère Shira et son équipage puis gagne l'océan.

« Je m'occuperai de toi plus tard ! crie-il à Shira. D'abord, je vais détruire ce mammouth et tous ceux qu'il aime ! »

Sur le continent, Pêche a rejoint Ethan et ses amis dans un canyon.

« Tu n'es pas vraiment l'amie de cette taupe, n'est-ce pas ? » demande Ethan.

Pêche répond que non, sans se douter que Louis, caché tout près, l'a entendue.

Brusquement, les parois du canyon s'effondrent ! En voyant Ethan et ses amis s'en amuser, Pêche réalise que les adolescents sont totalement stupides. Rapidement, elle s'enfuit.

À bord du navire, Diego ne mange plus et ne dort plus depuis qu'il a quitté l'île ! Manny et Sid devinent vite le mal qui ronge leur ami : il est amoureux de Shira !

Soudain, un épais brouillard enrobe l'iceberg tandis qu'un chant mystérieux s'élève. Une voix magnifique appelle Diego, qui se demande si ce n'est pas Shira. Même Manny, Sid et Mémé sont sous le charme ! Heureusement, le mammouth devine juste à temps que ce sont des sirènes qui les attirent vers de dangereux récifs !

« Non ! s'écrie-t-il en attrapant la barre pour changer de cap. Elles ont l'air réel, mais c'est un piège mortel ! »

Dès son retour sur le continent, Manny appelle sa femme et sa fille à travers la brume. Bientôt, il entend la voix de Pêche. « J'arrive, ma chérie, ne bouge pas ! » répond-il. Mais la forme qui émerge du brouillard n'est pas celle de Pêche : c'est le capitaine Gutt ! Le mammouth se fige. Toute sa famille a été capturée par les pirates !

Manny propose alors un échange : il se rendra si le capitaine libère les siens. Gutt fait mine d'accepter. Pourtant, au moment où le mammouth s'avance, les pirates l'enserrent de leurs lassos !

Tout à coup, Louis perce la glace tout près de Gutt et écrase un de ses pieds avec un gros bloc de glace ! Puis, il délivre Pêche.

« On n'abandonne jamais un ami ! » lui dit-il avec fierté.

Quand Gutt ordonne de donner l'assaut sur Manny, Diego passe à son tour à l'action, et une bataille féroce s'engage ! Pendant le combat, Sid et Mémé en profitent pour nager jusqu'au navire de Gutt. Sur le pont, un pirate les menace de son sabre.

« Un dernier mot avant de mourir ? leur demande-t-il.

– Précieuse !!! » hurle Mémé.

C'est alors que tout le monde découvre le surprenant animal de compagnie de la vieille dame : Précieuse est en réalité une énorme baleine préhistorique ! Surgissant des flots, elle ouvre sa gigantesque bouche et Sid et sa grand-mère s'engouffrent à l'intérieur. Quelques instants plus tard, tel un périscope, la tête du paresseux apparaît par l'évent de l'animal !

Pour se venger de Manny, Gutt se rue vers Ellie, mais Pêche l'assomme d'un coup de trompe !

« Bien joué, ma chérie ! » la félicite sa mère.

Un nouvel éboulement brise le glacier, séparant Manny et Gutt du reste des combattants.

Au moment où le capitaine lance son attaque, Manny fait un grand bond : il est si lourd qu'en retombant sur l'iceberg, Gutt est propulsé droit vers le ciel, puis… dans l'océan !

Trempé, Gutt se hisse sur un petit glaçon lorsqu'il entend une magnifique voix l'appeller dans le brouillard.

« Capitaine, venez, je vous attends ! » chante une sirène. Complètement envoûté, l'orang-outan met alors le cap vers les récifs…

Manny n'a plus qu'à monter sur le dos de Précieuse pour rejoindre les siens. Toute la famille se retrouve avec bonheur.

« Je t'avais bien dit que ton père ne nous abandonnerait jamais ! » se réjouit Ellie.

Maintenant que leur paisible vallée a été ruinée par le tremblement de terre, les amis décident de traverser l'océan à bord du navire de glace pour rejoindre un nouveau monde : un continent rempli de montagnes enneigées où les adorables Hyrax les accueilleront dans leur nouvelle demeure !